JN408712

섬과 산의 소묘

문학공원 시선 75

이원용 제3시집

문학공원

시인의 말

『섬과 산의 소묘』를 쓰면서

생각이 하나의 조각으로 머릿속에서 맴돌고 그 조각들을 하나씩 종이 위에 눕힐 때 나는 가장 행복했네.

산길을 가다가, 빌딩숲을 가다가, 바다를 보다가 그것들이 가지고 있는 의미들을 하나씩 혹은 둘씩 나에게 던져줄 때 나는 그것들을 주워서 생각의 바구니에 담아놓았더니 이제 세 번째 시집 『섬과 산의 소묘』이 되었네.

평생토록 짊어지고 가야 할 글의 씨앗들을 한 줌씩 모아 대지에 뿌릴 때 나는 가장 행복하고 내가 살아가야 하는 이유를 나는 알았기에 그것들을 더욱 사랑하게 되었으니 나의 품에는 아직도 세상구경을 하지 못한 조무래기들이 눈을 말똥거리며 기다리기에 더욱 사랑스럽네.

나는 글의 농부다. 글의 씨를 뿌리고, 글을 다듬고, 글을 키우고, 글을 품으면서 살아간다는 건 참으로 즐거운 일이기에 꿈속에서도 만나는 그들에게 나를 만나주는 고마움의 기도를 하고 더러는 겸허한 유혹을 뿌리치지 못하기에 나 또한 유혹 당하는 이유를 나 자신에게 물어도 대답하지 않으니 그것은 오직 나를 위한 위안이었네.

새벽에 찾아오는 방문객을 반기면 낮에도 밤에도 줄을 서서 나를 찾아오는 그 씨알들에게 나는 반가움의 표시를 하다가 얼른 문패를 달아주기를 갈망하고 더러는 품에 안으며 기도를 하고 보듬어주면서 동행하지 더욱더 빛나는 생각의 씨앗들을 위하여…….

하늘과 땅에 뿌려져 있는 글의 씨앗들에게

행복하다는 편지를 띄웁니다.

나를 위하여 태어난 이유를 말하지 않아도

나를 만나준 지금을 위하여 더 많은 생각의

메아리들을 품으며 동행하자고…….

2012년 겨울 **이 원 용** 드림

서문

문학의 르네상스시대를 살아가고 있는 중

김 순 진 문학평론가

이원용 시인이 세 번째 시집을 낸다. 그가 문단에 등단한지 7년 남짓인데 벌써 세 번째 시집을 내는 것이다. 실로 대단한 열정이고 대단한 필력이다. 그는 날마다 시와 함께 산다. 시를 입고, 시를 먹고, 시를 타고, 시를 덮고, 시를 베며, 시와 잠든다. 대단한 열정과 필력이다.

그는 왕성한 필력으로 중앙문단을 호령하며 포천문인협회를 이끌어가고 있다. 공부 또한 열심히 하고 있다. 고려대학교 평생교육원 시창작과정에서 공부했을 뿐만 아니라, 삼육대학교 평생교육원에서 시낭송과정도 이수했다. 그의 시는 여기저기에서 평판이 좋다. 그가 계간 <스토리문학>에 발표한 「나의 여인들」이란 시가 계간 <시향>에서 선정한 2011년 전국문예지발표 50선에 드는 쾌거를 올리는가 하면, 여기저기에 시낭송가로 초대되어 다닌다. 그가 구수한 목소리로 시낭송을 할 때면 여기저기서 탄성이 쏟아져 나온다. 그의 수필이 전국환경백일장에서 상을 받고, 그의 시가 완성도가 높아 여러 사람의 부러움을 사고, 구수하고도 멋진 목소리로 시낭송을 하니 지금 그는 문학의 르네상스시대를 살아가고 있는 중이다.

이 시집은 6.25동란 때 전장에 갔다가 돌아오지 못한 아버지를 그리는 망부가望父歌이다. 그는 핏덩이서절 아버지를 전쟁터로 떠나보내고 아버지 없이 자라났다. 이 시대에 마지막 이데올로기를 직접 몸으로 체험한 그가 아버지의 한을 갚으려, 잊으려 반공과 질서의 현장에 뛰어들어 경찰공무원이 되어 평생을 보냈는지도 모르겠다. 그래서 공무원을 퇴직하자마자 마치 평생 시밭을 일궈온 것처럼 아버지를 그리워하며 구절구절이 써 내려간 그의 시편들 곳곳에 나타난 감정들은 살점이 묻어나듯 처절하기까지 하다. 그는 「허망」이라는 시를 통하여 얼굴도 모르는 채 헤어졌던 아버지를 부르며 "아버지 / 당신은 그 핏덩이 알아보실지 /어쩌다 저승길에 마주하시면 / 저를 한 번만 업어주세요 / 잠시만이라도 안아주세요 / 가시는 길 그리 바쁘지 않으시면 / 조금만 저하고 놀아주세요"라고 애원한다. 얼마나 허망하고 사무치게 그리우면 환갑을 훨씬 넘긴 초로의 시인이 그런 시를 써냈을까……. 실로 눈물겹다. 가슴이 찡하다. 할아버지와 큰아버지를 6.25동란 때문에 잃은 필자로서는 그의 감정들이 더욱 처절하게 다가온다.

장차 그는 포천출신 시인으로서 포천사회에서 가장 추앙받는 시인이 될 것임에 틀림없다. 왜냐하면 모두 시인을 자처하지만 그 활약상이 미미하고 스스로 도태되는 것을 자주 봐왔기 때문이다. 이번 시집 『섬과 산의 소묘』가 시인들에게 또 다른 감동을 불러일으킬 것 같다. 그의 소재들은 순수하지만 그의 감정들은 이데올로기를 슬기롭게 극복하고 이데아를 건설하고 있다. 그곳에는 홀로 자식을 길러내신 어머니가 영생의 터전을 구축하고, 아버지가 살아계신다. 유년이 살아가고, 고향과 그리움들이 풀뿌리처럼 서로를 붙잡고 포천구절초처럼 하얗고 아름다운 꽃을 피워낸다. 세 번째 시집 출간을 진심으로 축하드리며 그 일련의 과정을 계속해서 지켜보는 사람으로서 내 일처럼 맘 설렌다.

1부. 꽃집 마담

2부. 벌에 쏘인 꽃

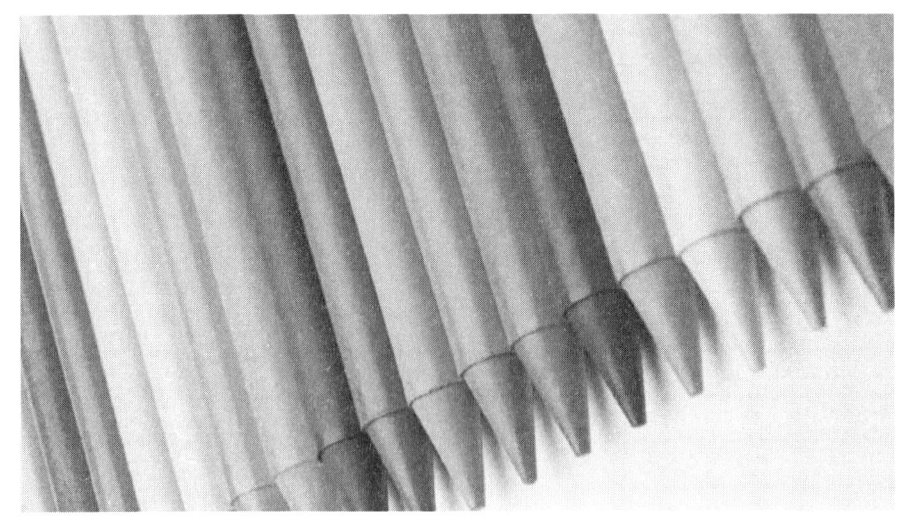

3부. 색깔의 진통

4부. 아버지의 노래

1부
꽃집 마담

산으로 가는 이유는

산으로 가는 이유는
언덕이 있어서일 게다
산은 구름을 이고
어떤 산은 바위를 안고

그 자태에 마음 빼앗겼기 때문일 것이다

산이 들보다 좋은 것은
산에 피는 꽃을
부러워하는 들꽃들의
시샘에 따라

야트막하게 피는 순리가 있어서이다

산이 들보다 좋은 것은
단풍의 미학이
있어서가 아닐 것이다
더러는 석양을 피워
들에 뿌리는

향기가 있기 때문일 것이다

산이 들보다 좋은 것은
낮은 대로의 원칙이
새암의 줄기를 내려

생명체들의 가슴을 적시기 때문일 것이다

산이 바다보다 좋은 것은
땀 흘린 자에게만 주어진
옳은 자의 몫을 인정하고
정복의 대가로
야호, 소리를 낼 수 있는

자유를 주기 때문일 것이다

밤무대

너의 작은 몸짓 하나에
춤사위를 걸고
몸속에 배인 기를 토한다

그것은
동작이 아니다 절규다
너의 아픈 몸놀림으로
수천의 동공이 몰리고
수만의 손들이 부대끼는
끼의 수라장이다

너는 벗겨라
아니다 벗어라
진실이라는 포장을
수 없이 벗기고

나뒹구는 육체에
땀으로 혼합된 응어리를 풀어라

빗겨간 과거를 훔친 너는
실로 정열의 덩어리인 것을
한숨 몰아쉬는 너에게는

예藝가 있다 술術이 있다

외출

햇빛이 초라한 반나절
골목길에서 시동을 걸어
공간 속으로의 질주를 요구하는
8차선으로 간다

오르고 내리막의 과속이다
엎드려 있던 머언 산들은
수줍은 듯 돌아앉고
침묵에 목매인 듯 서 있는
전봇대들은
후사경 너머로 달려간다

옆자리의 공간조차
절박한 듯 말없이
내 손의 방향을 묻지 않으니

고독을 반항하는 속도는
앞서가는 종족들을 뛰어넘고
또 한 번의 반나절에야
바다를 향한 언덕에 오르네

그곳은
인적이 드물어도
비릿한 사람내음에
마음의 향기가
입맛 돋우는 곳

바다처럼 저무는 그리움의 고을에서
가슴에 남은 희미한 불꽃 한숨 안고
밤새도록 내린 별빛의 흔적을 찾으며

머무를 수 있는 곳
현실의 유토피아를
찾는 이의 발걸음이다

진짜 이유

덤핑 재고정리 원가대매출
뭐든지 싸게 팝니다
그 집에 들러
접시와 유리잔을 샀습니다

무엇을 담을까 고민하다
한 가지를 먼저 담아보니
별로입니다

그 다음에는
물을 담아 마셔보니
그저 그렇습니다

세 번째로
내 마음을 담았습니다
괜찮군요

투명한 크리스탈 잔에 담긴
내 마음덩어리는
냉커피 속에 숨겨진 얼음조각보다

순결하고
누구나 볼 수 있어
좋을 것입니다

그 다음에는
사랑의 조각들을 더 넣어서
누군가에게 나눠줄까 하니
한결 맘이 편해집니다

원가 대매출이 아니래도
덤핑도 아냐
진정한 마음이야

중산층

돈도 있고 명예도 조금 있고
오억 짜리 아파트에 살면서
위도 아래도 내 것인양
그렇게 산다는 사람들

가난한 적도 있었고 이젠
먹고 살만하다며 허풍떠는
언젠가 무너지기 쉽다는
정치가들이 만들어준
문패 없는 이름

가난한 자로부터 부럽다 하고
현실에선 거만하다고
더 많은 이들로부터는
까불지 말라고
그들은 얻어맞고 있다

어떻게 돈을 벌었느냐 물으면
고생했다 한탕했다 세금 안냈다 그 외는
묻지 말라고

우리들은 중산의 조각들을
쳐다보다 웃었다
빙산처럼 녹지 않기를
위하여

조각공원

잔디밭 돌 받침에 팔뚝이 섰다
다리조각이 구부리고 있다
석녀가 엎드려 있다

돌이 포옹을 한다
돌이 섹스를 한다
돌이 돌멩이를 안고
하늘 향해 소리친다

돌의 가슴에 심장이 있어
보는 이의 가슴이 두근거리고
보는 눈마다 자유를 준다

돌이 나의 눈길을 끌고
음부 속으로 간다
나는 마음을 벗어 던지고
음부 속에서 자유형 헤엄을 친다

돌들이 숨을 쉰다
정열을 토하여 부려진 재주에는

생명들이 있다

거기에는
벗겨진 여인이 있다
아이가 있다
퉁명스런 남자도 있다

우두커니 선 돌들은
춥다는 말을 하지 않는다
수많은 눈총들이 뿌린 눈빛에서
열을 받아먹고 산다

웃음처럼 생긴 여자

향기를 태우는 마음이 별처럼 떨어지면
서넛이 얘기 할 수 있는
만남이야 누구라도 좋다

나는
침몰하는 노을아래
그대가 기다리는 황홀한
테이블로 달려가
웃음 가득한 여자를 만난다
술병에 그려진 미소와
유리잔은
입맞춤으로 유혹하고
매콤한 안주에 마음까지 맡기니

나의 집은
밤중에서 새벽까지
갈 수 있는 조건부 허락을 부정하고
집에 있는 여인은
말의 꼬리를 감춘 나를
신용불량자라고 한다

취하기 전에 만나
알 수 없는 넋으로 지배당한 나는
술잔에 남은 향을 놓아두고
허공에서 웃고 있는
또 다른 여인을 만난다

흔적

세월이 머문 노을 가에
아낙의 허리가 굽었네
무던히 지내온 황혼의 길이여
누구를 원망하지 못하는 산촌지기

해가 뜨고 지면
감자 옥수수 단풍 흰눈이
그래서 세월은
찌든 옷소매에 오래도록 머물다
소박한 미소로 남는다

온산 가득 고요가 머물다
햇살에 놀라 머쓱해지니
안개구름이 먼 산허리를 감네

기억이 머물다 간 빈자리에
세월은 소리 없이 스치는
솔바람에 동무되어
하늘도 구름도 간다
저물어간다

여행의 자유

마음 한 편을 접어
배낭에 넣고
무작정 산으로 강으로 바다로 간다

여행은 무소유의 자유를 주면서
넉넉한 눈요기로
한나절의 허기를 채우고
또 한나절 길 위에서 행복해한다

하지만 나는 삶의 공식에서 머뭇거리다
신이 내린 숙제를 풀지 못한다

인생의 여행은
그렇지 않다는 것에
길섶으로 비켜 앉아
반올림하자고 우겨본들 무엇하랴

웃음의 미학

봄비 내리는 날
행여 꽃잎 피울라
겨울바람이 비웃는다

활짝 핀 함박꽃 같은 함박웃음
씀바귀 뿌리 씹은 듯한 쓴 웃음
기가 막혀서 아니 너무 좋아서
너털웃음이 나온다

겨울날 하늘을 덮고 내리는
천사 같은 하얀 눈이 눈웃음친다

웃음이 나를 간질인다
그러다가 나를 슬프게 한다
웃음 속에서 사람이 살아간다

섬마을 여름밤은

침묵을 간질이는 모래톱에
작은 파도 일렁일 뿐
한낮 햇살에 시달린 고요마저
입을 다물고

나는 백사장에 누워
에메랄드 조각 뿌려 놓은 밤하늘에
당신을 초대합니다

금방이라도 쏟아질 듯 별은 총총

저편 언덕의 등대는
쓸쓸한 나마저 감시하는 듯
큰 눈을 두리번거리는데
침묵을 불사르는 어둠 사이로
비릿한 바다내음만 흐른다

이상한 안경

당신은 내 맘 아느냐고
묻다가 토라졌다
다가오신 임

만나서나 헤어져서나
알 수 있는 것은
둘이 서로 사랑했다는
보이지 않는 진실뿐

나의 가슴은 그대 향기를
맡을 수 있는 안경
그대 가슴은 내 향기를 안고
살며시 보여주는 이상한 안경

종소리

고단한 하루를 잠재우는 저녁과
부지런한 노동자가 눈을 비비며
대문을 나서야 하는 시간을 알리는 새벽에
안개보다 더 포근한 안김으로 일러주시는 언어

꽃잎 위를 날으는 나비의 춤사위보다
더 약한 자에게 내미는 순수의 손길
하지만 강한 의지를 안고 흐르는 인고의 생명들이
가슴에 안을 수 있는 금속의 몸부림

보이지 않는 날개들은 산모퉁이를 돌아
황량한 회색의 도시를 돌아
강 언덕을 돌아 흐르고
잠시의 안위를 갈망하는 연약한 자들의 가슴에 안긴다

떠나가도 다시 돌아와
메아리보다 더 곧은 약속으로 대답하는 의지와
유언보다 더 깊은 혼의 길을 따라
도도히 흘러가는 법을 일러주시고 있나이다

시계 · 1

그는
태어날 때부터 가지고 온 시간들을
찰각찰각 썰어서 한 점은 과거의 주머니에 넣고
나머지 한 점은 어서 오라는 손짓에게 준다

두 손으로 얼굴 더듬으며
평생 씻어온 과거와 씻어야할 미래가
얼마나 많은지 나도 모르지만
그는 알고 있으려나

기다란 시간의 끝이 하늘가에 걸리면
늦은 저녁이나 이른 새벽을
바꿔 놓으며 말없이 다가서는 발걸음

그는 편식을 해도
체하거나 속이 미식거린다는 불평 없이
서두르지 않고 가고 있음에
우리들은 푸념하며 따르고 있을 뿐

시계 · 2

열두 숫자를 유리창에 가둬 놓고
평생 두 손으로 얼굴 더듬어
외우고도 남았을 텐데
시작한 곳도 꼭짓점도 모르고
여태까지 헤아리고 있구나

네가 아는 것이라곤 열두 개의 방향과
그만큼 더하면 하루라는 묵시적 혼합
추위와 더위도 아랑곳없이
그 흔한 입담 한 마디 하지 않고
째깍 소리로 공간을 채우며
미래를 잘라 과거로 넘기고
역사를 만드는 영원의 마술사

가로등

한낮에는 빈둥거리며 놀다가
해지면 눈 부릅뜨고 골목을 사수하는
결벽증 환자
빗줄기 가는 길 일러주고
하루살이 덤벼들어도 귀찮단 말 한 마디 없다

눈 내리는 밤길 걷는 이
찬란한 새벽까지 걸어서
눈부신 희망의 길로 가라하다가
해뜰녘 슬며시 사라지는 키다리 파수꾼

어긋난 생애

1. 입

무형과 유형의 통과의례
침묵과 언어와 맛의 감정사
공기와 물과 쌀과 맵고 짠맛들이 들러
섞여지며 잠시 머물다 갈 뿐

2. 사탕

예쁜 옷 벗어 던지고
동글한 나체로 입속에 빠져 달콤한 유혹의 향을 뿌리면
혀는 정신 못 차리게 굴려 녹여버리고
결국 사라진 흔적을 위하여 또 하나를 기다리고

3. 껌

하얀 이들이 후지근하도록 비벼도
포개졌다가 늘어졌다가 뭉치고
단미와 향기 빼앗더니
살아있는 듯 머무르다 세상 밖으로 퇘!

맞선보기

러시아워 지난 한적한 오후
지하철을 타고 연극공연장으로 가는 길
어쩌다 한두 자리 비어 있는 채로 나란히 앉아
맞은편 사람들과 맞선을 본다
마주 앉은 사람이 내리면 다른 사람과
내가 내리면 다른 사람이 그 자리에서 선을 볼 것이다

물어볼 말거리도 없는 맞선 장에는
젊은이도 늙은이도 여자도 남자도
차표 한 장으로 소개받은 사이일 뿐
맘에 들어도 눈을 감은 채
못생겨도 그저 그렇게
할 말이 있어도 입 다물고

승강장 사이가 넓으니 조심하라는 목소리가
맞선이 끝남을 알리면
서둘러 바꿔 앉은 사람끼리

해빙기

컴컴한 포장마차에서 취해본 적 있니
안주가 술보다 더 쓰다고 얼버무리다
주머니 털리고 결국 돌아서고야 말았던 그날
술집계집은 나를 밀쳐내더니 다른 놈들을 앉히고
서툰 젓가락 장단을 치며 히죽거리더군

그곳에 간적이 없지
바람 불어 추운 날 한 잔의 물로 취한다고
소리치며 그 계집을 욕하다가
그 계집은 나를 불러들여 소주 한 잔 준다 해도 도망칠 거야

포장마차 옆으로 큰길 나더니
단속반에 걸려 벌금을 물어도
뚱뚱한 그 계집은 둥근 플라스틱 의자 두 개에
엉덩이 한 쪽씩 올려놓고
밤새 술을 팔다가 돈독이 올라 그만 죽고 말았어

아마 그 계집은 편히 가지 못했을 거야
바가지 긁다가 씌우다가 취한 사람들에게
올 봄에는 칭찬을 들으려나

시간의 정원

도대체 몇 번의 겨울을 보내야 그 역에 도착하는지
알 수 없어도 아무런 반항조차 할 수 없었다
입속에 가시 같은 별들이 하늘에서 내려다 봐도
도시는 나에게 분노를 가르치고

노루귀만한 봄 햇살이 그리울 때면
가을에게 빨리 가라고 외치다
어린애를 업은 여인을 쳐다보며
생각의 나이를 물었다

얼기설기 늘어진 서울역 철로위에
찬비가 내리더니
대합실 젊은 노숙자는 오늘도 나타나지 않았다
어느 재벌네 커다란 건물 앞에서
비를 피하고 있을 것이다

그 후로 영이네 집 창문은 열리지 않았다
시간을 빙하처럼 굳히면서
생각의 나이가 짭짤하게 삭아들고 있다

진눈깨비의 추억

늦은 밤 한 사내가 골목길을 걸어간다
정지한 자동차 사이에 내던져진 쓰레기봉투를 뒤지던
고양이가 식사 방해냐며 빼꼼히 쳐다보는 놈
후다닥 도망가는 놈

하얀 진눈깨비를 맞으며
저 골목 끝에 있는 전당포로 마음을 빌리러 가던 사내는
고양이와의 추억을 잊지 못한다
아무렇게나 쌓여진 눈 조각들이 머리위에 떨어져
모가지로 스며들 때에도
그 사내는 옷깃을 추스르지 못하고
조금 전에 마신 술집을 찾고 있었다

늦은 귀가 길에
눈과 차디찬 빗방울이 섞여 내리는 골목에서
먹이를 찾는 고양이보다 더 사랑이 그리운 그 사내는
비틀거리나 중얼거리다
가로등 속으로 사라졌다

파국

술을 신나게 마신 다음날 아침
이불속에서 신음하는 나는
어김없이 어제의 일들을 후회 하면서
동석했던 사람들의 주량을 심사한다

술집여자는 나를 유혹하여
술이라는 인생의 건더기를 건네주며
흔들렸다가 다시 일어서더니
공손한 척 인사를 했지
어지러운 발길이 나의 보금자리에 닿으면
우리 집 여인은 파국을 끓인다
국물 한 모금에
하얗게 질렸던 세상이 파랗게 살아난다
한 여인은 몽롱하게 주물러 놓고
또 한 여인은 나를 정신 차리라는 눈치로 쳐다본다

어느 것이 진실인지 모르는 사이 주머니가 비워지고
대문 밖으로 나가지 말라는 경고장이 날아들었다

기억을 부르는 사람

요양병원 모퉁이 중환자실
여나문 개의 침상에 우두커니 누워
보이지 않는 하늘을 쳐다보며 기다리는 사람들

그렇게 사랑하던 처자도
어쩌다 한 번 오는 나그네처럼 보이고
옆에 앉아 있는 요양사가
피붙이라고 믿으며
눈으로 말하고 있다

한세상 살면서
아프지 않게 살다 가는 게 소원이라더니
그 아픔조차 신음소리 한 번 내지 못하고
망각의 뜰에서 서성이네

내려놓아야 할 짐은 어디 있는지
동공은 무지의 공간을 채우고
숨소리마저 졸고 있는
지상과 지하의 넋두리를 외우고 있는 곳

축배祝盃

해맑은 유리잔이 채워지면
모두 잔을 들리라
저마다의 외침으로 지금을 빛내리라

잔은 비워지기 위하여 채워지고
채워지면 다시 이사를 하다 부딪치고
오가는 덕담 속에서 술이 익는다

좋은 말들이 쏟아질 때마다
맑은 유리잔과의 입맞춤

콧노래와 높아진 목소리들이 어울려
흥겨운 그곳에는
오직 좋은 일만 있을 것 같더니
황홀한 현기증이 동반한다

진화의 갈림길

- 햄버거와 콜라

전쟁이 끝나가던 오십육 년 전
대한의 안보를 지킨다며 키 큰 사람들 몰려와
햄버거와 콜라가 돌아다니고
처녀들 치마저고리 벗어던지니
어설픈 역사가 판치던 동네

양공주들 밤새워 진한 화장하고
미군들 유혹해서 달러 몇 푼 손에 쥐면
시골동생 공부시켰다는 전설이 숨어있는 카바레 골목
이제는 그 터에 미군들 어디가고
잡초만 우거졌다

신의는 그 자리에서 반백년의 평화를 지키고
이웃나라들 부러워하는 이십세기
더러는 진보의 그루터기들이 떠들어대는 시대

너희들은 진솔한 뿌리 한 번 찾지 못하고
마르크스의 뒤안길이 보이는 양 흔들지만
진정한 민주주의는 내게도 있다

2부
벌에 쏘인 꽃

꽁초의 비밀

나도 한때는 미끈한 몸매로 은빛 베일에 싸여
뜨거운 열정으로 타들어 가는 날을 기다렸지

그런데 남자들은 심심하면 나에게
뜨거운 열정으로 키스하더니
회심의 연기만 빼먹고
땅바닥에 내동댕이쳐 비비고
어떤 이는 재떨이에 넣고 비틀어버리는지 몰라

깜깜한 네모 속에서 끌려나와
더러운 입에 물고 불을 붙일 때 나는 숨이 막히고
타 들어가는 괴로움으로 신음했지

가난한 자의 혀끝에서 향기롭게 타 들어가
깔끔하게 영면하고 싶지만
도무지 알 수 없는 인간들의 심사를
하늘로 날려 보내는 실속 없는 버릇이
하얗게 타버리는 허무 속에서
시인은 나를 남긴다

빈잔

고요한 순간
정갈한 마음으로 쳐다보면
내 마음과 눈이 머물고
향기를 담아 마시면
가슴과 입의 즐거움

저 맑은 공간이 채워지면
잔은 그만큼의 만족으로
더 바라지 않는 양심

채울수록 마음을 위장하는
욕심쟁이에게 진실을 담아주면
노여움으로 남으려나

작은 마네킹

미장원 창가에 앉아 있는 자그마한 인형
코는 오뚝 살며시 웃는 눈매
어제는 빨간 머리
오늘은 검은 색으로
머릿결을 바꾸는 멋쟁이 여인

여름날 늦은 저녁 실내등이 꺼지고
피곤한 주인 여자가
어쩌다 패션 마무리 잊고 나가면
그 여인은 대머리로 앉아
가로등 불빛 한 모금에 안위하며
지나는 이들 바라보며 부끄러워한다

버르장머리 고치는 주인 여자를 닮아
말없이 유혹하면서 잘난 척 하는 모델
아침이면 긴 머리를 늘어뜨리는 고집쟁이
양귀비 약봉지 서너 개가
그녀 옆에 늘어서서 같이 웃고 있다

불면증

한낮에 두고 온 것이라곤 아무것도 없는데
찾아야할 이유 없이 흔적조차 어디론가 사라지고
눈꺼풀에 무게가 달리는 하얀 밤

새벽녘 골목을 지나는 하이힐 소리처럼
또박또박 아침을 향해 가는 벽시계 소리를
헤아리는 적막이 공존 할 뿐이다

받아줄 만한 항변도 없이
꿈을 거부당한 순간은
실타래같이 기다란 불만으로 채워지고
아무도 거들어 줄 수 없는 허공은
우주의 한 조각을 만지고 있다

지금 무엇으로 대신해야 하는가
잠시 후에 찾아올 아침 해에게
무슨 변명으로 맞이해야 할런지
창이 훤하게 퇴색되고 있다

노점상

전철역 개찰구를 나와 버스 정류장으로 가는 길 옆
등 굽은 할매의 리어카에는
노란 참외들이 얼굴을 맞대고 종알거리는 옆에
바나나와 사과와 아랫도리를 벗어버린 대파 몇 단이
오가는 이들을 쳐다본다

기다리는 듯 조는 듯 앉아있는 할매는
금세 도착한 열차에서 쏟아져 나온 승객들이
서둘러 지나가는 그림자에 생각을 기대며
어쩌다 단속반이 오면 서둘러 치울 수 있는
기운조차 지나온 시간들에게 모두 주었을 텐데
또 다른 무엇을 기다리는지

길을 차지한 과일들과 같이
온종일 비켜가는 사람들을 쳐다보다
해질녘 슬그머니 짐을 싸는 거친 손이
쓸쓸하다

꽃집마담

꽃 속에 섞여 피어있는 아낙이 꽃을 닮았다고
얘기하지 않아도
그녀는 꽃을 사랑하다가 그만 꽃에게 마음을 빼앗기고
이제는 꽃을 먹고 산단다

꽃을 잘라 향기를 섞으며
그리고 장미는 가시까지 모두 잘라버리면 허전하다며
꽃을 잊고 싶어 꽃에 취한 소리로
노래를 한다

수많은 꽃들이 팔려 나간 어느 날 오후
화려한 꽃이 시들어버린 것을 안 그녀는
꽃잎에 대한 시를 쓰다가 꽃을 그리고 있다
향기를 잘라 내면서

정지된 언어들

나는 어느 시인의 주검 앞에서 울고 있소
가로등속에 쌓여있는 불나비 사체들이
하얀 미라로 침묵하면서
결국 과거에 묻혀 있다가 또다시 묻이고 마는
그런 미래를 찾으려하오

당신이 침묵으로 말하다
시구가 나오지 않아 속상하다고
뒤통수를 긁으면서 밤새 불 밝히던
구석진 방에는 지금
누구를 기다리는 불이 켜있습니까

언어의 굶주림으로
가난한 페이지조차 그리지 못하는
그런 시인이 당신 곁에서 울고 있소
배고픈 시인이 언어를 찾아 떠난 것은
깊은 잠에서 깨어난 후였다

숲속의 오해

한적한 등산로 입구에
새마을운동이 한창이던 시절에 심어져
강산이 너덧 번 변해도 숨죽이고 서있는
나무 전봇대 하나

숲속에서 나무처럼 기둥처럼 우두커니
눈이 와도 비가와도 잎도 꽃도 피지 않고
역사의 숨을 쉬고 있다

산 아래 신작로 만들어 시멘트 전봇대 늘어서더니
숨소리 연락하던 줄조차 끊어져
어쩌다 새 한 마리 앉아 이마를 간질이지만
체념한지 오래다

뿌리도 없이 마른 채로
버티고 서 있는 세월에
그때 심어진 낙엽송 어느새 굵어져
몸매 자랑하며 하늘 향해 손짓하고 있지만
사그라진 몸매는 점점 기울고 있다

벌에 쏘인 꽃

– 눈물 앞에선 울지 말아요

꽃잎이 지고 있습니다.
봄이라는 화려한 예식을 치른
꽃들은 꿈의 자리를 더듬다가
자연의 순리에 정을 남기고 사라집니다

벌에 쏘인 꽃
나비에게 꿀을 빼앗긴 잎새마다
그림자처럼 숨겨진 진실이
아픔까지도 숨깁니다

꽃들은 맺혔던 눈물방울 거두고
겨울잠을 위하여 자장가를 부르다가
종의 기원을 부여잡고
신의 전설을 습작하면서
또 한 번의 고문을 당할 것입니다

그래도 꽃들은 울지 않고
소나기도 눈보라도 숨 쉬는 자의 몫이라며
허구의 진실이라도 주어 담을 것입니다

꽃들은 가난하지 않습니다
초췌한 걸음의 병마는
생의 마감을 재촉하지만
꽃들은 생명을 두려워 않고
이슬을 잎 새에 담아가둡니다

눈가에 머문 눈물은
옭아매어진 숨결로
또 다시 태어나야 할 세대에게
주려함입니다

사랑의 외판원

그는 목이 쉬도록 외치면서
아파트 마당으로 시장으로 골목으로
팔러 다닌다

인정을 파는지
가난을 파는지

남루한 차림은
철 바뀐 것도 모르고

어쩌다 물으면
사랑을 팔러 왔다는 어눌한 대답뿐

이 동전을 모아서
나보다 가난한 이들에게
따듯한 국수 한 그릇 과자 한 봉지
사서 먹이면

그 사랑은
그 가난은
부자보다 더 용감해지고
세상은 밝아진단다

사랑을 파는 외판원
그는 작은 사랑을 팔아
커다란 사랑을 사서
사랑하는 사람들에게
사랑을 선물한다

그대 떠나지 않음은

밤새 내리는 비가
나뭇잎새에서 수군거리다 잠들은 듯

목에 걸린
편지 한 마디 전할 수 없는
고요 속에서
당신이 남긴 공허의 깃을 잡고

그림자 길섶에 동행하듯
마르지 않은 숨결로 안부를 전하네

그대 나를 사랑한다면
그대 기억에 나를 숨기시고
내 그대 보고 싶으면
심장 깊은 곳에 숨기오리니

별처럼 살다
저녁노을 이고 떠난 당신은
해뜰녘 부스스 일어나 오심은
꿈속으로 이어져

가끔은 당신이
무인도 등대처럼
빛줄기를 보내어
기억의 뒤뜰에서
서성거리심에

그대 떠나지 않음에
마음 동행하네

산다는 것은

산다는 것은
오솔길자락 샘터에서
물 한 모금 마시고 돌아가는 것

산다는 것은
밝을녘에 길 떠나서
해질녘에 돌아오는 장돌뱅이

산다는 것은
먼 산지기 사계四季를 지키다
그 산으로 가는 것

산다는 것은
눈 내린 저녁
술 취한 자의 넋두리

산다는 것은
지난날을 돌아보다
이미 늦은 것을 알고 괴로워하는 것

산다는 것은
철지난 바닷가에서
밀려오는 파도를 헤아리는 것

산다는 것은
그리워하는 이와의
이별을 기다리는 것

산다는 것은
새벽 하늘 별을 헤다
잠이 드는 것

산다는 것은
세월의 낟알을 줍다가
못다 헤아리고 가는 것

산다는 것은
가진 자도 가난한 자도
같이 가는 것

회상

별들이 눈웃음치는
소슬한 가을밤
묻어둔 회한들이
유성처럼 떨어지네

차창 밖 풍경들이
소문처럼 돌아눕듯이
시간은 흘러도

참새 두어 마리 재잘거리며
창가에 머물다 날아간
흔적에도
잠시의 미학은
존재하는가

기억의 가지에 매달린
꿈의 조각들을 불러 모아

높새바람 하늘에 일렁거리면
스산한 초한初寒은

빛바랜 전설처럼 다가오리니

진솔한 마음 어우르다가
빗나간 여운의 모서리에서
눈 덮인 산야에 묻어버리네

마지막 증언

피고는 기막힌 사랑을 한 적이 있는가
모릅니다
그러면 왜 사랑한다는 말의 값을 모르는가
정열이 모두 태워 버렸으니까요
사랑에게 마지막으로 할 말이 있으면 하시오
내가 받은 사랑만큼 주고 싶습니다 하지만
나는 포로가 되어 있으니…

결심 판결하겠습니다
아름다운 사랑을 위하여 원고의 마음을 훔친
피고는 무죄

피고는 원죄의 대가로 더 많은 사랑을 하시오.

부도탑

바람에 실려서 왔다가
남겨진 영겁이겠지
오로지 가야하는 법도를 따르려니
산새 소리에도 육신이 저려
하늘에 의지한 채로
번뇌의 사슬을 씌워
고행의 길을 걸으니
가슴이 머무는 석등 위로
혼이 머무네

중생의 한이 부도에 묻혀
극락영생 가는 길을 물어야함에
무심한 듯 타는 초 한 가락에
이 마음을 태우네

밤의 흔적 속에서

달빛이 그려놓은
산 그림자 안고
밤이 흐르네
품속 깊이 숨겨진 비밀 조차
그림자로 다시 가리우고
어쩌다 남은 시새움은
진주알처럼 눈매에 머무르다
행여나 하고 다가올
글의 씨를 거둔다

밤의 저주를 받은 먼동이 트니
미움을 토하는 정열이
가슴을 엄습해도
사색의 빛은 기다림의 연속인양
태양의 빛 속으로 숨어버리네

새벽녘에 마신 물 한 모금의 위로를 기억하며
저녁에 그려놓은
마음의 시를 읽는다

목에 걸린 말의 조각들을

모두 토하고 싶다

사랑, 그 쓸쓸함은

몸부림처럼 날리는 하얀 눈이
괴로운 언어들을 숨기고
과거처럼 조용히 눕는다

간밤의 추위에 떨다
혼신마저 얼은 듯
대지는 말이 없지만
나 또한 그대가 될 수 있음은
그리움의 대화로 눈송이들을
헤아릴 뿐

어젯밤에 켜놓은 촛불은
은백의 실햇살이 창을 두드릴 때
제 몸을 모두 태워
숨죽인 듯 얼어붙은 몸을 녹이니
창밖의 겸허는
순수의 넋으로 흐른다

어쩌랴

내가 그리운 것은
당신이 던지는 수많은 눈송이들을
얼싸안고 녹아 흐르는 것일 뿐
사랑의 쓸쓸함으로
고통의 살을 맞대고 서 있다 해도
불어오는 바람 막을 수 없어
두 팔 벌려 맞이하다

당신의 눈송이들이
소매에서 녹을 뿐

추억은 비밀

어쩌다 바늘귀처럼 열린
틈새로 끌려나온 기억 한 조각을
유리창에 흐르는 물방울처럼 모아
헤식은 찻잔처럼 마신다
어찌 그리운 사람뿐이랴

목이 메도록 슬픈 것은
이별도 없이 떠나간 아비
얼굴도 모르니
평생토록 그 추억은
내게는 비밀
초록별 안개 숲에서
귀뚜리 우는 소리에
기어코 목젖이 가라앉아
더 부를 수가 없다

하얀 덧니

- 겨울사랑

눈송이처럼
앞서거니 뒤서거니
수많은 사람들 사이로
너에게 달려간다

너의 하얀 덧니
그리고 하얀 입맞춤으로
포근한 겨울이고 싶다
녹아내리지 않는
눈이고 싶다

저녁노을 넘어

나는 이제 마음 비우네
한나절 동안 따르던
그림자 벗어놓고
땅거미 드리우는 순간에
집으로 드네

오늘 하루를 기꺼이
속삭여준 시간 여행은
이제 내 어깨에서 내려앉아
무게를 덜며 잠옷으로 갈아입네

즐거웠다고
서러웠다고
억울하다고
그것조차 말 한 마디의 매듭으로
풀지 못함에 서운해 함은
기울어 가는 노을에게
또 한 겹의 짐을 지워
주소 없는 곳으로 보내는
허공의 기별이었다

그리움의 연

나 어릴 적 어느 겨울날
찬 솔바람에 손 호호 불며
방패연에 꿈을 실어
하늘 높이 띄우려
횃대동산에 올라
연날리기하였네

엄니가 풀먹여준 연줄에
매달린 연은
줄을 당기면 오르락내리락
파아란 하늘에서 곡예하고
해질녘 고픈 배 안고 돌아왔지

정월 보름날엔
액운을 실어 날려보냈지
어디론가 날아간 연을
나는 퇴색한 동경 속으로 불러들여
또다시 세월의 연을 날리네

세 여자

나는 사랑했다
어릴 때 만났던 꽃잎 같은 여자를

나는 사랑했다
겨울날 솔잎처럼 푸른 여자를

나는 사랑했다
아름다운 단풍잎 닮은 여자를

그러나 이제
그 여자 모두 내 곁을 떠나
사랑하지 않는다
내게는 낙엽처럼 퇴색한 여자가
나를 미워하고 있기 때문이다

그 여자는 '나'라는 나무를
동경하다 지쳐서인지
쳐다보다가 얼굴 돌릴 때
어깨선에 매달려 애원하지만
다시 나를 쳐다볼 때만은

가장 아름다웠다

그 여자는 오늘도
나에게 한 잎의 여인이다

이혼녀

잃어버린 것은 떠난 자의 몫이라 하면서
기억의 베개를 베고 어설픈
노여움으로 삭이려 하네
피붙이 하나 곁에 없어도 생의 날줄을 걸어
홀로 지키는 허무한 연정
외로운 저녁 길에 기다리던 인내와
면사포 쓰던 날의 언약도 잊었다

돌아선 흔적을 부르다가
다가오는 낯선 것에 기대어보고
아무것에도 다가갈 수 없는
인생의 한 줄기 짧은 치수를
매무새 하는 법을 찾으며
용서를 구하려 한들
어긋난 지배를 벗어던진 것은
누구의 책임도 없다는 오만을
팽개쳐버린지 오래인 듯
외면하면서 동행한다

빛나는 생애

해뜨기 전의 한참이 좋아
안개에 잠긴 산으로 가네
풀잎에 이슬들
햇살에 희롱당할까 마음 졸이며 매달리다
나의 발길에 떨어져
고요한 아침 길에서 운명하네

가녀린 풀잎에서 밤새 정들었던 맑은 생명
눈물처럼 떨어져 숲이 젖으면
길가는 마음도 젖내

햇빛 한 모금 만나 이별의 길로 가는 이슬
너의 영혼은 얼마나 맑을까

옥토의 기다림

내가 지키던 공직은 충성이요 사랑이요
고역이었다
한없이 사랑하다 이제 그만
떠나가야 한다는 법칙을 따라 퇴직하니
나는 난파선에 홀로 남은 항해사처럼
불안하고 외롭고 억울하고
세상은 산행에서 만난 암벽처럼 달라지더군

나는 이제 펜을 놓았다 그리고 흙을 만진다
흙을 기르며 시를 쓴다
나의 종이에서 시가 자란다

시첩에다 석양을 그리면
말라버린 과거들이 초롱초롱한 모습으로 나타나
지금의 영역에서
자리다툼하며 미래로 가다가 돌아서려는 순간
문득 생각나는 것은 어릴 적 휘젓고 다니던 동산이었다

그곳에 그림자를 세우고 나도 선다
나무들과 풀들이 새로운 싹을 내리면
그늘에 펴놓은 평상에 누워 해와 달과 별을 헤련다

초로初老

세상이라는 극장에서 삶이라는 연극을 구경하다 보니
시간 가는 줄 몰랐네
구름과 바람들이 어디론가 갔다가 다시 오고
해와 달이 몇 천 번이나 뜨고 지는 흔적을 모르고
여기까지 왔네
사랑하던 사람 보고픈 사람 미워한 사람
나를 증오한 사람들은 지금쯤 어디에서
무슨 생각으로 살고 있을까

나를 사랑하던 사람들이 하나 둘 떠나는 이유를
이제서 알았네 그리고 나도
그 뒤를 따른다는 걸 말이야

뒷산에 늘어선 묏등이 찬 서리에 얼어
햇빛조차 쉬어가려 않네
언젠가 만나고 헤어지는 섭리를 알고부터
길 가던 나그네조차 바람결에 울고 있네

비단조개

폭풍이 일던 저녁나절 당신이 떠나던 날을 기억하며
그리워하는 이유를 물으려 서울로 간다
오랫동안의 전원田園은 몇 천 년의 새날로 변질되어
자꾸 빛바랜 언덕으로 나를 밀어내고
황폐한 도시의 소음을 들으라 한다

미라의 닫혀진 미소처럼 과거들을 삼키고
내동댕이쳐버린 풍경들이 머릿속에서 질주하는
헐벗은 바닷가 거기에는 비가오고 있었지

기차가 움직이던 저녁
수목의 집단들이 늘어선 산과 들은
검은 그림자로 덥히고
황홀한 흔적이 차창에 그려지더군

아름다운 과거로 화장한 당신
꼭 다문 입술에 혜성처럼 짧은 기억과
햇빛보다 화려한 비단옷을 걸치고 간 하얀 나라를 새기며
길었던 슬픈 연습을 호흡하고 있다

3부 색깔의 진통

소나기

질긴 무더위를
나무라며 회초리질 하듯
앙칼진 손톱으로 대지를 긁으며
장대비가 내린다

빗물은 금세
도랑가득 흙탕물을 토해
개울둑 바위를 돌며
강으로 강으로 재촉하는데

떠내려가는 나무토막 하나
바위 곁 너울을 돌며
무언가 잡으려 해도
가지는 다듬어져
걸릴 듯하지 않다

비는 다시
천둥번개 친구 삼아
성낸 너울의 가면을 쓰고

나무토막을 밀어낸다

나는
그의 아우성을 듣다 귀가 절여져
그 자리에 서서
자연의 절규를 배반한
또 다른 자연을
회자정리하네

저녁, 달, 그리움

그대 향한 아름다운 침묵을
가슴이라는 갈피에 넣어
또 다시 침묵으로 포장합니다

행복한 마음으로
도란도란 엮어서
맵시 있는 글씨로 써내려간
당신의 사랑이
기다림에 취한 내게
잊혀 졌다가 다시 옵니다

나는
침묵을 접어둔 채
그리워하느니
차라리 그림자 되어
달이든지 해든지 동행하려하지만

애처롭게도
당신은 당신은
이별이라는 언어를

이행하고 있습니다

어제보다 더 그리운
오늘의 저녁은
당신을 끌어안은 인고가 무언지
알려하지 않고

달빛어린 창가에서
당신의 입김인양 빛에 기대어
또 한 번의 갈피를 접습니다

나의 침실은 어둡습니다
하지만 달빛이 밝기에
빛에 안기려
나는 침실로 갑니다

파도

햇살이 머물더니
바람도 가던 길을 멈춰선
섬마을 모퉁이

홀로선 등대는
나른한 듯 졸고
그림자 외로이 동행하는 한 낮

파도는
하이얀 옥양목 서너 필 널어 바람에 일렁이듯
반복된 몸짓으로 모래톱을 간질이며
잊었던 망각을 애원하듯 토해내다

의미도 흐린 언어로
둔덕을 더듬어
숨겨놓은 시어를 지우고
뒷걸음질 하다
다시 돌아온다
다시 간다

오늘 저녁에도 등대는
한낮에 그려놓은 미완의 시어를 위해
찬란한 눈을 깜박이다
흘러간 전설을 불러 모아
중얼거리는 파도소리에
섞어버릴 것이다

가을나무 아래서

바람이 올 때마다
종이학이 내리네
여름내 접어 두었던
노란색
빨간색
어쩌다 그늘에 숨어
갈바람 덜 맞은
푸릇한 학들도
내려서 앉는다

걷지도 뛰지도 날지도 못하는 것들이
바람의 마력으로
굴러서 간다

낙엽은
하늘을 향한 나무들에게
짐의 무게를 덜어주려
얇은 속옷까지 벗어 놓고
토양의 제물로 바친다

다가오는 겨울에도
종의 잉태를 위해
또 한 번의 가혹한
제식을 치를 것이다

비 오는 날

빗방울들이 유리창에 앉더니
태어난 고향하늘이 그리운지
암벽타기 하듯 매달려 머뭇거리다가
한 생명의 발자취를 그리면서
주르르 흘러내린다

너를 쳐다보는 짧은 인연이
감히 지울 수 없는 생각으로 각인되어
투명한 약속을 하더니
여럿이 모여서 대지를 덮는다

심술쟁이 구름들에게 둘러싸였던 하늘이
맑은 모습으로 보이기 위해서
비를 내주어야 했다
돌아갈 수 없는 기억을 삼켜버린 날의 방울들이
부슬부슬 내리고 있다

색깔의 진통

- 가을 담쟁이

산모퉁이 참나무 잎 새 아직 푸른데
실한 가지사이로 담쟁이덩굴 기어올라
가을잔치를 한다
전생에 너는 무슨 이유로
길을 잘못 들은 양
남의 가지에 올라
허리춤 잡고 하늘을 향하는지

너의 전설에
부끄러워 얼굴 붉히며
잎새마다 다가오는 색깔의 진통을
가을의 눈매에다 덧칠을 하니
도토리 두어 알 떨어지는 소리 위로
소슬바람 지나가네

고엽

소슬한 가을바람이
차가운 새벽을 흐릅니다
조각달은 서편 하늘가에서
지키지 못한 언약이라도 있는 듯
아쉬운 모양인데
마당 섶 자귀나무는
바이올린 낮은 음향처럼
흐르는 순리를 따르며
한 잎 두 잎 옷을 벗습니다
마음에 걸린 이야기들이
어쩌다 넘기지 못한 알약 하나
입속에 머물듯
잠시 쓴맛을 남기지만
그것은 훗날을
위한 약속일 것임에
괴로움을 접어
나뭇가지에 걸어봅니다
이다음에는 또
무슨 연유의 아픔이
내 몸을

상한 거미줄로 묶어놓을지
그것 또한 상심으로
가슴속에 머무를지도 모르는 일

갈대

모여서 흔들리면 일렁이는 파도
혼자 흔들면 하얀 건달
한여름 햇살에 훌쩍 자란 키에
하얀 꽃솜을 이마에 달고
바람가는 대로 흔들리니
애당초 너는 바람의 족속이었나 보다

가을 햇살이 무르익으면
너의 꽃들은 하얀 꿈으로 어디론가 날아가고
푸르던 잎 삭신이 시리다고 몸부림치겠지

네가 머물던 강물이 얼면
옆구리를 간질이며 오가던 물오리들의
흔적조차 끊어지고
겨울은 푸른 생명들의 멱살을 잡고
흔들 것이다

서먹한 마음 어떻게 할런지
봄을 기다리는 마음이 애처롭다

별이

어제 저녁에는
별빛이 하늘 가득
보석을 깔아놓은 듯
창을 수놓았네

오늘 밤에도 별을 보려고
창문을 여니
눈송이 오락가락 날려
별이 창을 닫습니다

행여 별빛이
눈송이에 섞여 내리려나
마음을 열고 기대어 보네

늦가을 상심

가을이여
너는 한 자락 옷깃마저 벗어던지고
차디찬 명상으로 가지만
나신으로 겨울을 새는 어긋난 진리를
나무를 떠난 잎마저도
불편한 말 한 마디 하지 못하네

떨어진 이파리들은
대지를 덮어 잠재우리니
갈잎 사이 상록수들은
마냥 뽐내며 한겨울 동안 더욱 프르네

늦은 가을이여
색깔을 지우는
명상이 아름다워라

나또한 너의 품안에 덮어져있던
겨울의 조각을 집어 가슴깊이 숨기니
밤은 깊어만 가네

나 어릴 적
할아버지 담뱃대 터는 소리에
곤잠 깨어
다시 잠들려면 한참거리로
망상의 깊은 밤이 그리워지네

이 겨울에
나는 또 한 겹을 껴입으며
따듯한 불 지핀 사랑방에서
옛이야기 나누며
그렇게 살려하네

늦은 가을이여
나는 행복하네
차가운 명상이 다가올 때를 기다리니

겨울 산행

하이얀 눈의 신은
얼어붙은 생명들에게
포근한 솜이불 덮어
잠재우고 있을 뿐
부끄러운 것이라고는
아무것도 없다

어쩌다 배고픈 노루
먹이 찾아 이리 저리 지나간 자국
나무들은 가지에 눈을 얹고
우두커니 서서
아무 말도 하지 않는다

봄이 오면 지워지는 진리를 위하여
발자국으로 그린 여운은
잠시의 흔적일 뿐
차가운 숨을
입김으로 고르면서
혼을 뿌리고 간다

눈 오던 날

하얀 눈이
소리의 흔적마저 감추고 내리던 날
나는 귀머거리처럼 아무 말 없이
창에 기대어 쳐다보았네

창밖 감나무에 매달린 까치밥 홍시가
하얀 모자 쓰고
앙상한 가지 손을 호호 분다

하늘은 얼마나
땅위의 시샘들이 더러웠으면
얼어붙은 생명들 목이 말랐으면
하얗게 만들어 흩날리는지

하늘이 회색 커튼을 가리고
백색의 바람이 불던 날
천지는 아름다웠다
숨죽인 고요 속에 잠겼다

겨울 섶에서

노을 속에 그 화려한 쪽빛 단장은
체념처럼 침묵으로 얼어
깨어진 인연의 아픔인양
발이 시리다

귓전에 들리던 목소리들은
마음까지 열어도 부르는 이 없다

찾는 이유 내게 있어야 한들
켜켜이 쌓이는 그리움의 심사는
겨울이 주는 선물이지만
차디찬 전율의 흐름은
눈 덮인 초가지붕 아래 고요하다

하늘을 품에 안은 바다는
기다림에 익숙해진지 오래거늘
잔물결처럼 밀려왔다 돌아가는 무색의 진리는
산개나리 봉오리 여는 이른 봄에
말문조차 열기 싫은 듯
흔적을 지우며 가겠지

눈사람 인형

지난겨울에 만난
순수한 당신은
발자국마다 흔적 남기다
또다시 덮어주고

하얀 달덩이 굴려
눈 코 입 그려주니
배부른 누이 친정에 와서
함박웃음 웃던 모습

차가운 바람 풀려
해 기우는 어느 날
까아만 눈썹 늘어져
전설처럼 사라지는
눈사람 인형

가을비

내려오기 싫은 듯
추적이는 소리로
가을정원은 쓸쓸하고
젖은 두루마리에 쓰여진 언어처럼
처연하게 내리네

나들이길 가신님
새 옷 젖을라

고추멍석 거두어
헛간으로 들여 놓고
꽃우산 받쳐 들고
마중 가야지

가로수

나란히 서서 마주보고
철따라 옷 갈아입는
사이좋은 길동무

반 평 그늘 만들어
청소부 땀 씻어 주다가
여우비 오는 날에는
우산 없는 이 가려 주네

어느 날 우리들 사이에
쇠기둥 박혀 친구하자네
낮이면 멀쩡하게 빈둥대다가
밤이면 얼굴 붉히니

가로등 불빛 등살에
어제는 잠 설쳤는지
오늘아침 가로수 눈비비고 있네

존엄한 수분

물은 높은 곳에서 낮은 곳으로
막대로 갈기면 잠시 갈라지다가 금세 아물고
둥근 그릇에서는 둥글게
네모진 그릇에서는 모난 대로 산다

높은 곳을 만나면 모였다가 흐르고
낮은 데로의 흐름을 이행하고져
억겁의 새암에서 태어난 수분이
하얀 구름으로 승천하여
물방울이 되었다

고귀한 생명의 씨받이로 태어나
한없는 온유와 강인으로
하늘과 땅을 거니는 맑은 혼

겨울호수

찰랑거리며 푸른 하늘을 유혹하다 입 다문 영토에
누군가 던져놓은 돌멩이 하나. 그리고
반쯤 얼음에 묻인 갈대들이 삭신 시린 듯 얼싸 안은 채
거울 속에 수려한 산 그림자를 안고 있던 지난 가을도 잊은 듯
식은 체온으로 얼음판 위에서 하늘을 쳐다보고 있다

봄이 오면 깔고 앉은 얼음이 녹아 가라앉아야 하는 괴로움과
새싹을 키워야하는 갈등이 교차되지만
아무도 대신해줄 수 있다고 말하지 않는 길목에서
쓸쓸한 동토를 안고 있다

호수는 한동안 말없이 겨울을 맞이하다
하얀 솜이불을 덮고 깊은 잠에 빠지면
산도들도 모두 포근한 꿈을 꾸면서
봄이면 깨어날 것이다

말없이 입 다문 호수에 밤이 내리면
찬바람을 보내온 별들과 이야기를 나누고
거울 보던 달도 차디찬 얼굴로 내려다보며
봄을 기다린다

산행

해뜨기 전 한참이 좋은 것은
산을 만나러 가는 기다림이다
새암을 품은 산
나무들 안개 속에서 졸고 있는 산
오를수록 점점 낮아지는 산

산 아래서 등성이들이 파도를 친다
바위를 안고
안개를 휘감고
봉우리들이 눈을 뜨고 있다

나는 오늘도 오른다
생각의 산
마음의 산
산 아래에는 나의 눈이 내려가 있다

산들이 꿈을 꾼다
깊은 잠에서 깨어 기지개를 켠다
밤새도록 흘러 간 시간들에게
꿈 이야기를 하더니
무뎌진 숲길에서 졸고 있다

밤에 동행하다

하늘 창에 묻은 구름 때를 지우고
파란 달이 나오시라고
초저녁 바람이 호호 불며 창을 닦는다

한참 후 달이 나와 걸어간다
구름덩어리 만나면 밀어내고
총총 별들이 들러리 서서 밀고간다

달님은 맨날
서쪽으로 간다
새벽에는 피곤하다고 한숨 자려고
큰 별 하나 초병 세워놓고
산 너머로 누워버린다

부지런한 노동자가 가난을 뿌리치려고
사랑하는 처자 잠든 사이 새벽별을 보며
집을 나와 옷깃을 세우고 가는 길을
달빛이 동행한다
행여 고달픈 자들은 달을 보며
집으로 든다

섬과 산의 소묘

바닷가 산에 오르면 보이는 것이라곤
푸른 색깔뿐
바다는 섬을 물 가운데 가두어 놓고
파도를 시켜 어슬렁어슬렁 더듬으며
육지를 가리킨다

늙어가는 물결이 둘둘 말아 보낸 사연에는
한나절 걸으면 닿을지 모르는 인연도
부서지면 그만이라고
외면하고 돌아오라는 묵시적 염원뿐

몇 날을 헤매었을지도 모르는 영혼들이
유성 같은 씨줄을 꽂아놓았을 때에도
물살은 응얼거렸을 거라고 산꼭대기에서
말하고 있다

달빛과 동행하다

달이 푸른색으로 제 몸을 풀어 놓은 저녁
정원은 고요 속에 온 천지가 달빛에 물들어
생명이 있는 모든 것들이 꿈을 꾸고

이파리들은
아침햇살에 자랑하려 이슬을 모으고
화려하던 꽃들도 달물에 젖어
향기를 숨기는 성스러운 정원

어쩌다 흘러가는 유성이
순간과 현실을 과거로 만드는 지금은
몇 시일까

내 스스로 쳐놓은 생의 그물 앞에
향기 잊은 자귀나무 꽃송이 하나
툭, 떨어진다

비바람

오랜만에 바람과 동행하는 빗소리가
정원 나뭇잎에 점령군처럼 쏟아진다

빗방울들을 몰고 온 것은
창문 너머로 내동댕이쳐지는 바람이
나의 창문을 흔들어대며 두드렸기 때문이었다

실줄기 같은 얼굴로
착륙신호 같은 건 아랑곳 하지 않고
무수히 떨어져 스밀 곳을 찾아
어디론가 흐르는 진실

위대한 수분을 남긴 그들은
그림자도 없이 떠난 후 돌아오지 않았다는
전설을 품고 있었다

햇살은 요술쟁이

상큼한 아침나절 창을 여는데
유리를 건너온 햇빛 한 조각이
방안에 들어와 앉는다

초대하지 않아도 아침이면 찾아오지만
어제 한나절 내린 빗소리 따라 갔다가
말없이 찾아온 빛
창을 열지 않아도
어둠을 밀어내고 왔다가
어둠에게 저녁을 내어주는 성품이
언젠가 해놓은 약속인가 보다

창문을 열지 않고 들어온 손님이지만
한 치의 섭섭한 기색 없이
맞이하는 반가움에
좋은 기분
향기로운 순간

산촌 여인

붉은 저녁나절
해가 넘어 가려면 한참을 기다려야 하는데
까마귀들이 빈 하늘을 쪼고 있다
잠시 후에 다가올 밤을 위하여 허기를 채우다가
숲 속으로 들어가 깊은 잠에 빠져
검은 저녁을 노래할 것이다

오늘 한낮에 불던 바람과 해도
까마귀를 따라 숨어버리고
들판을 가로지르던 전깃줄을 따라
헤매던 농부도 손을 씻고 들어와
고단한 꿈을 꾸고 있다

기다리는 것이래야
산촌 농부의 소박한 절규로
사계에 몸을 담는 동안의 안위뿐
살아간다는 것에 대하여 말하지 않는다
도시로 간 새끼들이 오는 날에야
기다렸다는 눈빛으로 말하면서

오월 산행

산등성이에 널부러진 신록을 만나
동행하는 오후
숲은 나를 안고 나는 숲에 안겨
파란 대화를 하고
머리와 얼굴과 눈은 파란색에 물들고

초록골짜기 사이로 안개 흐르면
생명의 숨소리로 말없이 받아주는 너그러운 마음들이
살아있다

지난겨울 사그라진 잎새들이
몸서리치도록 그리웠을 오월의 숲에서
신록이 태양제를 올리는 한낮
파란 영양제를 먹고 있다

달빛소리

창문 밖 파아란 하늘 가운데 달빛이 오면
얼른 달려나가 맞이하면서
동경의 여백을 만든다

맑은 마음으로 다가오는 둥근 빛이
천천히 마주치면 하늘은 깊어지고
별들이 시샘한다

밤이 깊어오면
달은 멀리 가면서 맑은 소리로
나를 부른다

돌아오는 밤에는
오늘 저녁에 못다한 애기들을
모두 하자며

배낭을 메고

죽엽산 기슭으로 가을이 오던 날
물 한 병 챙겨 넣고 산으로 간다
넝마주이 망태기처럼 얼기설기 얽혀진
숲 사이로 햇빛 한 자락 숨어들면
바람도 따라서 온다

낙엽들이 우수수 혼신으로 지킨 여름 잊은 채
처음을 위한 마지막으로
홀로이면서 홀로가 아닌 순리를 체험하면서
하늘로 간다
바람의 동행으로 따라서 간다

다시는 변덕으로 얼룩진 과거에 등 돌려
오지 말라 한들
정이 들어버린지 오래였으니
땅속 깊이 혼을 새겼으리라

목이 마르면 나는 어깨에 매달린 배낭을
내려놓으리
짐이라는 누명을 벗어버리려고

4부
아버지의 노래

허망

그리움이라는 진실을 새겨
평생을 처자의 가슴에 묻어두고 가신 당신
핏줄로 엮인 당신과 나라는 인연으로
차디찬 냉기가 가슴을 저려
60년의 여정에도 잊지 못하고
그 길이 가까워 옴을 회한으로 삼습니다

무슨 각오로 아니 오심에
아니 무슨 연유로 길을 잃어
아직도 처자 가슴에 그리움의 싹을 키우십니까

아버지
당신은 그 핏덩이 알아보실지
어쩌다 저승길에 마주하시면
저를 한 번만 업어주세요
잠시만이라도 안아주세요
가시는 길 그리 바쁘지 않으시면
조금만 저하고 놀아주세요

만리향 혼불은 오늘도 타옵니다만
허망한 그리움은 눈가를 적십니다

고향

고향은 떠난 자의 몫으로
타향에서 머무는 것
앞집 옆집 수퍼집 아낙이
모두 모여 밤새 지껄이다가도
서편하늘에 머무는
새벽별처럼 솟아나
잠시 한숨지어 주다가도
향기로운 소리 흥얼거리는
눈가에서 달려가는 꿈의 길
어쩌다 가본 거기에는
푸성귀 한 아름 실어주시던
주름진 엄니가 가픈 숨을 쉬고
언제 또 오느냐고 눈빛으로 말하며
차창 뒤에 서서
구부러진 손 저어주시다
꽃상여 타고 하늘로 가신
눈물 훔치게 하는
그리운 요술쟁이

연

세월은
나 어릴 적
동네 언덕배기에서
날리다가
줄 끊어진 방패연

아스라이 동산 너머로
훌쩍 날아가듯

세월은
정거장도 없이
횅하고
잘도 가네

사진첩

내가 이다음에
기억에서 멀어지면
그때 다시 만나
이야기하자며
접어둔 사진첩

어릴 때 내 모습
웃고 있는 얼굴들
여럿이 서 있고
노래도 하고
어머니 모습도

……
……

천상에는 가져갈 수 없어도
지금은 만나는 얼굴들
남은 것은 덤으로 사는
흔적의 여울

안부

어머니,
어제 낮에 당신을 만나
잠시의 위로를 안고
또 오리라는 약속도 없이
문을 나서니
그냥 서러웠습니다
이 세상에 남은 당신의 피붙이 하나
언뜻언뜻 다가오는 지나간 세월 앞에
엎드려 우옵니다
전장이 할퀴고 간 자리에서
남은 것이라곤 가난뿐이던 시절
배고픔과 모진 서러움과
고귀한 가문의 역사를 지키시려
선고들을 먼저 떠나게 하시고
고결한 기다림으로 고향을 지키시니

가슴이 아렸습니다
아직도 저는
이 세상을 모르오며
만져지지도 않으니

이제껏 살아온 짧은 지남이
무겁기만 하였습니다
당신을 만나는 날이
행복한 날이라는 걸
나 혼자만 아는 것 같아
죄송합니다

머리끝에 내린 서리는

당신이 떠나시면서 한 번인가
안아주셨다는 녀석 육십이 됐소

나는 당신을
흩날리는 깃발처럼 동경하며
어느 날에는 아버지, 하고 외치다
풀밭에 쓰러져 울었습니다

아버지
당신을 위한 기다림이
이제는 너무 괴롭습니다
당신을 만날 수 있음은
충혼탑에 새겨진 이름 세 글자
거치른 검은 글씨가 당신의 얼굴인양
더듬어 어루만지다 돌아섭니다

당신이 두고 간 새악시 곱던 얼굴은
세월의 한 이기지 못해
잊은 듯 모르는 듯 참고 살다가
주름진 백발에 굽은 등허리로

가끔은 보고 싶은 듯 헤아리십니다

당신과 같이 전장으로 갔다는 사람
엊그제 북에 있다고 연락이 왔건만
그 집은 찾을 사람 모두 떠나서
고향에 오신들 만날 피붙이 없지만
저는 그 집터 떠나지 않고
오랜만에 찾아오시는 길
잊지나 않으셨나 그 자리에서 맴돌며
그리움 품고 기다리고 있네요

아버지
길을 잃어 찾아오시기 어려우시면
꿈길에서 아장아장 앞장설게요
천상의 길이 그리도 멀고 험해
아직도 고향길을 찾지 못하고
어느 전쟁터에서 헤매고 계시온가요

당신이 남기고 가실 때 울던 핏덩이
반백의 머리끝에서 서글피 우옵나이다

어쩌다 혼으로 집 앞을 지나시거든
저 한 번만 업어주고 가세요
저 한 번만 안아주고 가세요

감꽃이 피면

파아란 하늘이 정겨운 보리밭 언덕에
초록 바람이 너울거리는 봄나절
고향집 울타리 넘어
감나무 잎새 사이로 뽀얀 족두리 인형들이 열리면
엄니는 앞치마에 감꽃을 주워
떫은 내색 없이 씹으시며
보리릿고개 허기 채우던 유월

가을이면 붉은 감덩어리 대소쿠리에 가득 담아
인정 베푸시던 기억들을
아파트 단지 옆 과일가게에서 만지작거린다

계절도 잊은 채 진열된 과일들이
전등 불빛 아래 얼굴 뽐내면
얇은 비닐주머니에 풍성이 담겨
또 한 번의 인정이 스민다

세월이 가면 · 1

세월이 가면
내 가슴에 묻어둔 그리운 말 한 마디
나 그대에게 모두하리라

애동지섣달 차가운 강여울에서
차마 건너지 못하는 외로운 언어들을
바람에 실려 보내리라

세월이 가면
포성 멎은 북향마을에 가서
간간히 보고 싶던 당신을 향해
통곡하리라

억새꽃 갈바람에 몸살 앓는 소리
당신의 혼이 흐느끼는
나지막한 소리를 들으려하네
잃어버린 당신의 이름 석 자
가슴에 새겼으니
누구에게도 말하지 않았던

차라리 괴로움으로 남은 이유를
말해야겠네

세월이 가면
떠나간 아비가 그리워
눈가를 적시는 이유를
이제사 알았다고 말할 수 있겠네

세월이 가면
세월이 가면

세월이 가면 · 2

세월이 가면
내 마음속에 그려놓은 짧은 언어로
생각의 가지에 걸어 놓은 설익은 시어들을
모두 풀어놓으리

가난이 적이라던 배고픈 시절
사랑한다는 말 한 마디 하지 못한
외로운 조바심을
모두 날려보내리

바람결에 흩날리는 향기처럼
고결하지 않아도
저녁나절 가라앉은 석양처럼
화려하지 않아도
나 모두 남김없이 날려보내리

세월이 가면
불러본 적 없는 아비를
원통하도록 그리웠다고
소리쳐 불러보리라

이름 모를 산과 강 건너간 메아리가
그리움의 씨알로 날라
소리 없이 흘러가라고
흐느껴 울어보리라

생각의 탁본拓本

추억의 가시에 찔린 언어들이
생각의 언저리에서 신음하면서
하나 둘 마음의 강바닥에서 떠오른다

가난보다 더 가난했던 배고픔
스러져간 전쟁의 상처
공부가 무언지 몰랐던 학교

나는 지금도 갯버들 우거진 앞개울에서
첨벙거리며 송사리를 잡는다
잠자리도 나비도 잡았다

나의 꿈은 언제나 허무한 기다림뿐
아무것도 없었다
지금의 내가 아직도 그리운 것은
이루지 못하는 상봉일게다
보고 싶어도 그저 그렇게
불러도 그냥 메아리로 흐른다

그렇게 살아온 날들이
풍어제를 올리고 있다

그림자의 눈물

냉기 가신 봄날 아침
50년 전에 한 번 올랐던 산길을 오르니
정상에 앉은 바위들 그대로인데
나무들 크게 자라 낯이 설다

겨울에는 땔감나무지게를 지고
여름에는 꼴지게를 지고 넘던 산등성이에
생명의 끈처럼 잡고 늘어진 시간들이
소나기처럼 쏟아지고
작은 봉우리 위로 키다리 전봇대가
기다란 줄 여나문 가닥 늘려가며
석양을 따라 가고 있다

산 아래 양지 편 고향마을엔
조약돌처럼 옹기종기 남아있는 집들이
아지랑이 속에서 졸고 있는데
가난이 그려놓은 그림자 위로
배고파 웅얼대던 기억에 젖어
따돌림 당한 시간에게 묻는다
그림자도 결국 눈물에 젖느냐고

기찻길 사연

내일 새벽 서울역에 내리면 연락하라시며
손 흔들어 주시던 거친 손길이
이렇게 눈가에 맴도는 것은
아마도 시린 가난만은 아닐 텐데
나는 까마득한 철길 위를 달리고 있다

다시는 돌아오지 않을 거라고 먹은 마음조차
기적소리에 멍들어 버린 서울에서 정들어 가더니
푸르던 고향들판은 내게서 떠나가더군

산비탈 물지게 지던 언덕
시골동네보다 더 많은 인정이 숨을 쉬며
공장에서 경비실에서 결국에는 늙어버린 옥수동 판잣집
그곳은 지금 재개발이라는 이름표를 달고
역사가 흔들거리고 있다

못 간다고 안 떠난다고 매달려 우는 이도
붉은 머리띠를 두르고 주먹질 하는 사람도 없이
삭아버린 세월들이 헐리고 있다
침목 없는 철길 위로 공허한 시간들이 떠나가고 있다

결석계

평생 홀로사신 당신이 뇌경색으로 쓰러지셨다가
몸도 제대로 못 가누시면서
육십 년 살던 시골집으로 가시던 날부터
매일같이 출근하며 얼굴 내미는 게 외아들의 일과였는데
요즘 며칠 바쁘다는 핑계로 못 들렀더니
궁금하다며 안부전화하시네

보고 싶다는 말 아니하셔도
나는 그 말씀 무언으로 삼키며
이 마음은 어느새 당신에게 달려가
들르지 못한데 대하여 사유서를 냅니다
그냥 바빠서 못 왔다고

내일하고 모레도 볼일이 있어 못 올 것 같다며
결석계를 내는 지금
당신은 또 기다리실 것 같아
핑계로 대신하니
눈가에 경련 일어 마음 졸이네

항아리

언제부터인가 둥글게 입을 벌리고 기다리는 심성이 깊어
어머니는 아무것이나 담으셨다
마당 설거지 끝나는 가을이면 콩이랑 팥이랑 들깨랑 담아
광으로 옮기시고
서리 내리면 김장 김치와 동치미를 담그시어
여나문 식솔 겨울 양식으로 찬거리 마련하셨지

눈 내리는 저녁 동치미 한 그릇 떠다주시면
시원한 맛으로 반갑고
접동새 우는 밤늦도록 호롱불 아래 바느질하시더니
그 흔적 어디에 두고 휘황한 도시의 불빛 속에서 그리워함에
정겨웠던 시골 저녁이 외롭습니다

곡식도 가득 인정도 가득
먹지 않아도 배부르던 그 항아리들
앉아있던 옛터는 어디가고 잡초만 우거지니
아스라이 지는 해가 하도 서러워
마음의 항아리에 추억을 담아 보는 정든 고향길

3월의 애환

선인장이 화분을 고향으로 알고
겨울동안 거실에서 같이 살다가
일기예보를 잘못들은 여인의 서두름에
베란다로 이사하여 꽃샘추위 맞더니
푸르던 기개 늘어뜨리고 몸살 앓는다

사막에서 살던 기개에
그쯤이야 못 견디랴 하면서도
다시 들여 놓으니
제 몸에 박힌 침으로 침을 놓고
온기서린 물 한 모금으로 생기 찾았다

며칠 밤을 생사의 갈림길에서 오들거리다
부챗살 손아귀를 펴며
전설을 품은 꿈을 꾸고 있다

아비 없는 하늘 아래

나는 아비가 없습니다
아비는 내가 미워서 내가 이 세상에 태어나자
멀리 떠나가셨습니다

아비가 떠나던 날 나는
울었는지 웃었는지 도무지 기억이 나지 않습니다
아비는 나라를 지키려 싸움터로 가서
아직도 적의 무리들과 싸우시는지 알 수가 없습니다

전쟁이 끝 난지 육십 여년이 되었는데
하늘은 나에게 아버지 얼굴을 보여주지 않아
파란 하늘에게 원망하며 그렇게 살아온 것이
이제 나의 기억을 흐리게 함은
나도 모르는 언어입니다

아버지, 오늘은 해가 구름 속에 숨어 나오지 않네요
아버지 얼굴 같은 해가 나오면
잠시 그리움 접고 바라보련만
인연의 끈은 그렇게 모진가 봅니다

아버지가 주고가신 나이가 강산을 여섯 번이나 바뀌었으니
얼마나 더 바뀌면 오실까요.
그리움의 씨는 오늘도 움트고 있사옵니다

가문의 영광

한 많은 풍상과 전쟁과 포화 속에서
나와 조상의 얼을 받아 가문 지키며
이백 년 대를 이어온 종갓집 사랑채

몇 해 전부터 깡마른 기둥과 지붕이 삭아
그렇게 올곧던 자태 어디가고
세월의 병으로 몸져누우니
집을 헐고 그 자리에 정원을 만드네

막걸리 몇 잔으로 고사를 드리우니
이 지붕 아래에서 태어나
어머니와 내가 가장 오래 정들어
어떻게 잊을까 가슴 저리고
가문을 이어주신 선대님들의 숨소리와
문지방이 닳도록 드나드신 객들의
발자국소리 들리는 듯하여 눈물이 나네

한 가지 더 마음 아픈 것은
여기서 태어나 겨우 스무 살 동안 살다가
6.25전쟁에 나가 아직도 돌아오시지 않는 아버지가

옛 생각 떠올리며 늙으신 몸으로 찾아오시다
길을 잃고 돌아가실까 가슴 저렸네

가문을 지켜주신 조상님들이시여
영광스럽나이다
정성으로 모시옵니다

아버지의 노래

푸른 하늘 끝에서 하얗게 부서져
보고 싶다는 말 차마하지 못하고
찬서리에 목 놓아 울던 어린것이
망초꽃 흩날리는 들녘에서
숨 죽여 우옵니다

망각의 한이래야 당신이 그립다는 조바심과
이유를 물을 수 없는 한 서린 소식이지요

유월의 산야가 더욱 푸른 것은
당신이 남기고 가신 그리움의 응어리
그리고 차디찬 흔적으로
멍이 들어서지요

당신보다 훨씬 먼저 우리 가문을 지키고
당신의 젊음이 서린 사랑채
언젠가 당신이 찾아오시면
마루에 걸터앉아 두런두런 얘기하려던
사랑채 초가집이 세월 속으로 간데요

당신의 손때가 묻어 있을 기둥이
이제는 아무것도 없으니
어디에 기대어 당신을 기다릴런지
도무지 조바심만 이는군요

삼촌

나에게는 삼촌이 둘
나는 어렸을 때 삼촌한테 야단맞으면
나 혼자 숨어 아버지를 부르며 울었다
내가 눈물 흘리며 아버지 찾는 모습에
엄마 속상하실까
지금껏 내색 않고 살아왔네

삼촌들은 나를 꼭 안아주지 않아도
나의 얼굴이요
나의 분신이요
나의 지킴이로 세상을 살아 가신다

이제 삼촌들은 팔십 줄에서
자신의 몸도 가누기 어려우셔도
마음으로 나를 돌봐주신다

스무 살 꽃다운 나이에
전장의 이슬이 된 형님을 생각하시는지
가끔은 나의 얼굴을 쳐다보시며
옛날 생각하시나 보다
그 기억은 60년도 넘었는데

북향마을 사람들

누가 그려 놓았는지 모르는 삼팔선이 산등성이를 따라 늘어선 대성동에는 기도와 염원에 젖은 사람들이 산다

북쪽 산봉우리에서 남녘땅을 바라보는 인민군의 눈초리와 북녘을 바라보는 국군 병사의 눈시울이 만나는 시간에 그 젊은 심장들은 무슨 이야기를 눈매에 담고 속삭이는지 아무도 모르는 묵시의 언어였지만 누구도 자유를 항의하거나 사상을 나무라지 못하는구나

이미 떠나버린 청춘과 늙어버린 지금이 존재하지만 고향을 떠난 젊은이들은 돌아올 기색이 없고 이념의 실타래로 엮인 저 실금을 아침마다 바라보는 아이들도 그어진 사연을 모르고 오직 태양과 달과 별들이 무심히 지키고 있을 뿐이었다

실눈썹 같은 그믐달이 선 위에 서서 내려다보는 밤이면 마음을 졸이며 가슴을 치던 흘러간 목숨들은 지금 무슨 생각에 물들어 청춘을 태워버린 벌을 받고 있을까

영문을 모르는 백로가 북쪽에서 날아와 앉으며 전하는 언어가 애처로이 들리는 북향마을 사람들은 아직도 포성에 눈귀가 멀어 찾아오지 못하는 피붙이들에게 잔을 올리며 기도를 한다

잔치국수집

시장골목 끄트머리 하얀 대문집
저녁나절이면 어김없이 사람들 모여
구수한 국수 한 대접 후루룩 소리

주인 할매 신이 나서 이리 왔다 저리 갔다
여기저기서 주문하는 소리에 땀방울 솔솔
누구네 잔치도 아니고
초청한 사람도 없는데
매일같이 잔치를 한다

엊그제 와서 먹고 간 사람
소문 듣고 왔다는 이들
모두 모여 잔치국수 타령이다

후루룩 소리 몇 번에 그릇 비워지면
속 시원하다며 일어서는 서민들이
전통을 이어가는 허스름한 집

어머니의 행주치마

나 어릴 적 어머니는 언제나
하얀 행주치마를 두르셨다
분홍색 본견치마 때 묻지 말라고
사랑채 손님 오시면 젖은 손 닦으시며
공손히 맞으시려
행주치마는 마를 날이 없었다

어머니의 행주치마는 늘 흰색이었다
궂은 시골살림에 그까짓 때 좀 묻어도
괜찮을 텐데
모진 손으로 비벼 빨아 맑은 햇살에 말려
다듬이질로 펴서 두르면
언제나 정갈하셨다

종갓집 맏며느리이신 어머니는
오래전부터 치마를 두르지 않으신다
치마가 필요 없는 세상에
며느리가 사드린 하얀 스웨터에
하얀 머릿결이 행주치마보다 더 하얗다
어머니의 길은 눈처럼 하얀 길이다

빨간 우체부

저녁나절엔 빨간 자전거가 굴러온다
편지는 가는 길이 멀어 빨간 통 속에서 자고 오나봐
멀리서 오는 소식에는
아버지가 커다란 가방 속에서
아들아 많이 컸구나 하시면서 나오실 것 같아
학교 갔다 오는 길에 동네어귀에서 우체부아저씨 만나면
자전거 따라 뛰면서 물었지
아저씨. 우리집에 편지 없어요. 하고

아버지는 하늘에서 편지를 보내신다
나도 하늘나라로 가는 편지를 부친다
우표 없이 보낸 편지에는 아버지 얼굴이 그려져
가만히 쳐다보신다
아들을 부르는 소리에
나는 가느다란 울음으로 외운다
아
　　버
　　　　지

다른 골목으로 사라진 우체부아저씨는
내 맘에 오는 길을 잊었는지

나보다 더 보고 싶을 엄니가
돋보기 너머로 기다리신다

하얀 그림자

창문 밖 매화나무가 손을 내밀고
꽃의 영혼을 기다린다
물기 서리면 꽃의 양분으로 돌아가기를 기다리는
가을의 사체들을 깔고 앉아
화려한 기억의 늪에서

마당 구석 덕장에는
주인 돌아오기를 기다리는 검은 세탁물이 가랑이를 벌리고
걷어치우지 못한 황태 두어 마리처럼 매달려
찌들은 채 바다를 잊기로 했다

얼마나 지루한 나날의 모습들이
침묵을 베고 누워
넘나드는 나비 한 마리의 봄을 기다렸을까
꽃이 질 때 바람처럼 너도 가면
황량한 들판은 누가 지키려느냐

기억을 덥석 받아 삼킨 것은
너 때문은 아니었지만
그리움에 젖은 생각의 나이테는

황량한 호흡의 불빛 속에서
아직도 돌고 있다

세월을 휘감고 떠나는 그림자가
도시에 갇힌 낯설은 고향을 파내고 있다

망각의 깃

당신은 나를 보고 있지만
나는 볼 수 없는 길
당신이 가시면 나도 갈 수 있는 길

학교 갔다가 늦게 오는 밤
저만치서 등불이 걸어오면
나는 영문도 모른 채 불빛을 맞이하며
나를 마중하신 걸 그때야 알았습니다

잊어서는 안된다 하면서도 가끔은
내 맘속을 돌아보고 가심에
마음이 편할 때가 있어
뒤돌아보는 여유를 묻기도합니다

화롯불조차 식어버린 깊은 밤
외양간 누렁이 워낭소리에 한숨짓던 시절
엊그제 다녀온 장례식장에 모인 조문객들도
누가 먼저랄 것 없이 안타까워하더군요

잊는 것이 숨어버리는 것보다
더 무섭다는 걸 이제야 알고
하늘로 얼굴을 가려봅니다

이원용 시집

섬과 산의 소묘

초판인쇄일 2012년 12월 12일
초판발행일 2012년 12월 15일

지은이 : 이원용
펴낸이 : 김순진
주 간 : 지성찬
부주간 : 권순진 임영석
편집장 : 전명숙
디자인 : 김초롱
펴낸곳 : 문학공원
등 록 : 2004년 3월 9일 제6-706호
주 소 : (우편번호 130-814) 서울 동대문구 난계로 26길 17호
(신설동 114-89) 삼우빌딩 C동 302호 스토리문학사
전 화 : 02-2234-1666
팩 스 : 02-2236-1666
홈페이지 : http://cafedaumnet/yob51
이메일 : 4615562@hanmailnet

ISBN : 978-89-6577-053-4 03810